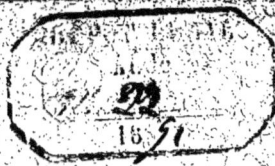

CLAUDE DE REBÉ

ARCHEVÊQUE DE NARBONNE,

PRÉSIDENT DES ÉTATS DE LANGUEDOC,

Défendant les droits, les libertés et les privilèges de cette province

PAR

M. SOL

Mainteneur du Félibrige de Languedoc,
Membre de la Société d'études scientifiques de l'Aude,
Membre libre de la Commission archéologique de Narbonne.

Cette étude mise au Concours par la Maintenance Languedocienne du Félibrige a été couronnée aux Jeux floraux du sixième centenaire de l'Université de Montpellier, tenus le 26 mai 1890.

PARIS

H. CHAMPION, ÉDITEUR
LIBRAIRIE SPÉCIALE POUR L'HISTOIRE DE FRANCE
9, Quai Voltaire, 9

1891

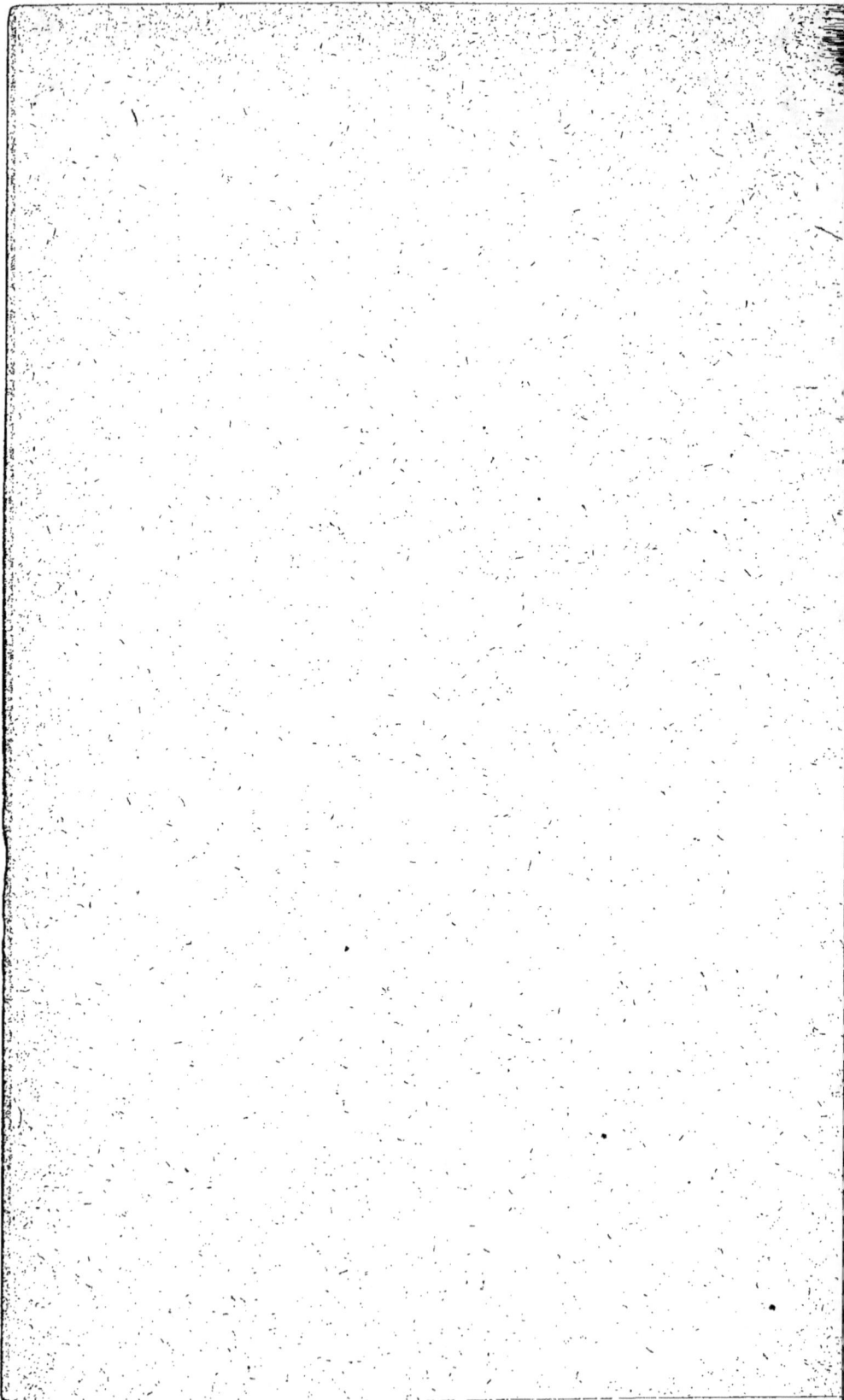

CLAUDE DE REBÉ

ARCHEVÊQUE DE NARBONNE

PRÉSIDENT DES ÉTATS DE LANGUEDOC

Défendant les droits, les libertés et les privilèges de cette province.

OUVRAGES DU MÊME AUTEUR

Lou Curat de Minerbo, nouvelle languedocienne, ayant obtenu un premier prix (médaille de vermeil), aux Jeux floraux d'Agen, du 10 août 1890 *(épuisé).*

En préparation, deuxième édition, augmentée de nombreux dessins inédits de Narcisse SALIÈRES.

POUR PARAITRE PROCHAINEMENT :

Les Poissons, les Crustacés et les Mollusques de la Méditerranée, avec un grand nombre de dessins.

Cet ouvrage a été honoré d'une médaille d'argent par la Société d'histoire naturelle de l'Hérault.

CLAUDE DE REBÉ

ARCHEVÊQUE ET PRIMAT DE NARBONNE

(1584-1659)

CLAUDE DE REBÉ

ARCHEVÊQUE DE NARBONNE

PRÉSIDENT DES ÉTATS DE LANGUEDOC

Défendant les droits, les libertés et les privilèges de cette province

PAR

M. SOL

Mainteneur du Félibrige de Languedoc,
Membre de la Société d'études scientifiques de l'Aude,
Membre libre de la Commission archéologique de Narbonne.

———— ✠ ————

Cette étude mise au Concours par la Maintenance Langue-docienne du Félibrige a été couronnée aux Jeux floraux du sixième centenaire de l'Université de Montpellier, tenus le 26 mai 1890.

———— ✠ ————

PARIS

H. CHAMPION, ÉDITEUR

LIBRAIRIE SPÉCIALE POUR L'HISTOIRE DE FRANCE

9, Quai Voltaire, 9

——

1891

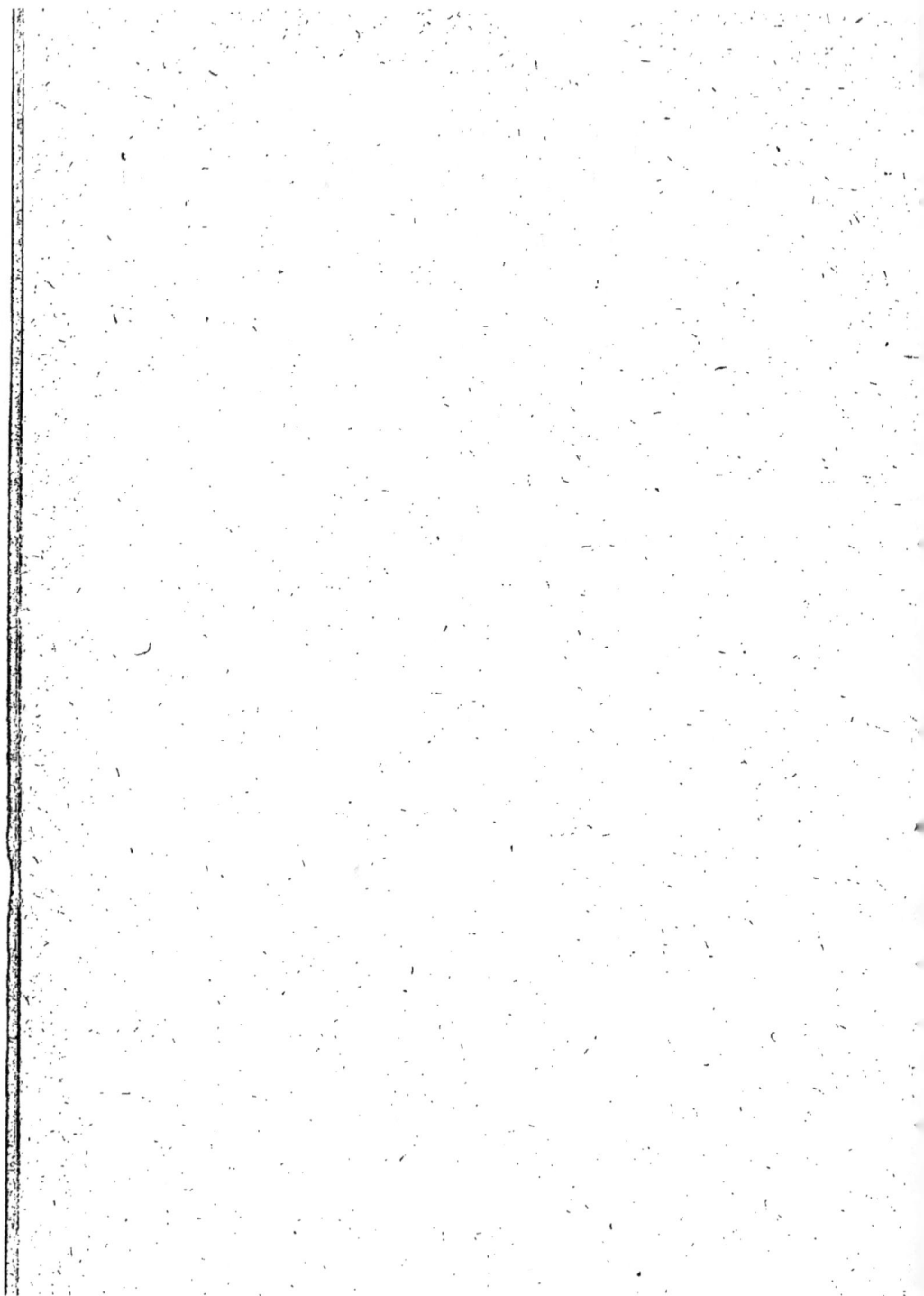

CLAUDE DE REBÉ

ARCHEVÊQUE DE NARBONNE

PRÉSIDENT DES ÉTATS DE LANGUEDOC

Défendant les droits, les libertés et les privilèges de cette province.

L'an 1629, au mois de février, Monseigneur de Narbonne Vervins, avait rendu son âme à Dieu ; sa brillante carrière était terminée.

Celui qui allait lui succéder dans les délicates fonctions d'archevêque de Narbonne et celles plus difficiles de Président des Etats de Languedoc, n'était pas un inconnu par les narbonnais, depuis cinq ans déjà il était coadjuteur de Monsieur de Vervins ; c'était Claude de Rebé.

De grande famille, il avait toutes les qualités d'une noble race : la fierté du gentilhomme s'unissait en lui au courage du soldat, à la délicatesse de l'aristocrate, à la compassion du fort pour le faible, à la bonté du prêtre. L'intelligence, la fermeté, la réso-lution se lisent sur son visage d'une mâle fierté et sur lequel la pensée, la réflexion et le travail ont à peine laissé leurs marques dévastatrices. Il était de ceux qui, s'ils savent tout oser, savent aussi tout souffrir. Rien qu'à voir son portrait (1) on comprend que l'on n'a pas à faire à un homme ordinaire, il fait pressentir les grandes choses qu'il a accomplies.

Cette belle intelligence eut pour se mouvoir un cadre digne d'elle. En effet, plus que jamais la situation était difficile en Languedoc.

Les guerres de religion, plus passionnées dans cette province que partout ailleurs, se continuaient avec fureur. D'une part le duc de Rohan à la tête des religionnaires, de l'autre le prince de Condé et Montmorency à la tête des catholiques ravageaient le pays tantôt au nord tantôt au sud. La détresse des campagnes était affreuse, l'émigration les dépeuplait journellement; la misère des villes où l'on multipliait les taxes n'était pas moins grande. Pour recouvrer ces taxes, pour les commissions extraordinaires, on exerçait toutes sortes de violences sur les biens et les personnes ; les peuples se soulevaient. La misère était extrême, il fallait empêcher qu'elle ne le devint davantage.

D'un autre côté Richelieu voulait humilier et dompter les puissants seigneurs et affermir la monarchie à leurs dépens, il ne manqua pas une occasion de leur faire connaître ses intentions. Ceux-ci se courbèrent forcément sous cette main de fer qui s'appesantissait sur eux, mais ce ne fut pas sans révoltes.

---

(1) La sacristie de la cathédrale de Narbonne, Saint-Just et Saint-Pasteur, possède une belle toile représentant Mgr de Rebé.

Alors eurent lieu de graves évènements qui troublèrent la tranquillité du royaume et ébranlèrent un instant le crédit de Richelieu ; la Providence voulut qu'ils eussent le Languedoc pour siège et que les troubles qui se manifestèrent pendant la minorité de Louis XIV trouvassent écho dans cette province. Mais, fidèle sujet de son roi, l'archevêque de Narbonne sut toujours rester dans le devoir et risqua même sa liberté pour y maintenir les autres ; de même que, ardent défenseur des droits et libertés de sa province, il sut respectueusement mais fermement les défendre lorsque l'autorité royale les menaçait.

I

Monseigneur Claude de Rebé, archevêque, primat et comte de Narbonne, conseiller du roi en ses conseils, président-né des Etats généraux de la province de Languedoc, ministre d'Etat, commandeur de l'Ordre du Saint-Esprit, chantre et chanoine de Saint-Jean-de-Lyon (1) etc., etc., était fils de Messire Claude seigneur de Rebé, chevalier baron d'Amplepuis, de Chavigny le Lombard etc., etc., et de très noble dame Jeane de Mezé. Sa famille était originaire du Lyonnais ; il naquit en 1584 (2).

---

(1) Les chanoines de Saint-Jean de Lyon avaient le titre de comte et devaient faire preuve de 16 quartiers de noblesse 8 du côté du père et 8 du côté de la mère.

(2) Malgré nos recherches il ne nous a pas été possible de trouver le lieu et la date de sa naissance.

A l'âge de 24 ans nous le trouvons dans le célèbre collège de Tournon, ainsi que nous l'apprennent « Les Mémoires du chanoine Jacques de Banne » dans lesquels nous lisons : « En cette année 1605, il y avait environ sept cents escoliers estudiants à Tournon, la plupart gentilshommes non pas tant seulement des provinces voysines, mais des plus éloignées. Au logis où j'étois en pension qu'estoit au sieur Desyères, dont les fenestres regardent sur le Rosne, au costé gauche de la porte du port ; nous estions vingt escoliers dont le plus honorable, tant à cause de sa naissance et sa profession, estoit messire François de Gondi, fils de feu M. de Rez, abbé de Saint Aubin et depuis archevesque Paris. Il y avait aussi deux chanoines de Lion, l'un appelé le comte de Cottenson et l'autre le comte de Rebé qui est à présent archevesque de Narbonne (1). »

Lorsque le pape le fit archevêque d'Héraclée, il fut sacré en grande pompe dans l'église Saint-Louis de Rome par Guy, l'éminentissime cardinal Bentevoglio, protecteur des affaires de France, assisté des évêques de Châlons et d'Ayre ; Sa Majesté Louis XIII le nomma coadjuteur de Louis de Vervins, archevêque de Narbonne, l'an 1622 ; il était alors dans sa trente-huitième année.

Quatre ans après, Claude de Rebé se trouvait à l'Assemblée générale du clergé de France ; en 1628, le 2 du mois de février, le pape Urbain VIII lui

---

(1) MAURICE MASSIP. *Le Collège de Tournon,*

envoya le Pallium ; l'année suivante, il succéda à Monseigneur de Vervins.

A peine sacré archevêque de Narbonne, il « fit la visite de son diocèse et par ses doctes et dévotes instructions rendit un lustre nouveau à son Église (1). »

Il ordonna une congrégation pour l'examen des clercs ; en 1633, il fonda, de ses deniers, une école de théologie en la maison des Pères de la doctrine chrétienne de Narbonne ; à Limoux, il établit les mêmes Pères et leur fit bâtir un collège pour élever la jeunesse.

Claude de Rebé fut le vrai fondateur de l'hospice actuel de la Charité de Narbonne. « Les successeurs de Claude de Rebé et les grands bienfaiteurs de l'établissement ont continué et agrandi l'œuvre ; mais l'idée première, la fondation réelle appartient à cet éminent prélat. Elle est d'autant plus digne de remarque, à la date de 1632-1635, qu'elle précéda de plusieurs années la fondation faite à Paris en 1653, sous la direction de saint Vincent de Paul, de l'Hôpital des pauvres vieillards, dont l'origine offre quelque analogie avec celle de la Charité (2). »

Pour l'éducation des jeunes filles, il fit venir les religieuses de Sainte-Marie qu'avait instituées à Bordeaux Madame de Lestonac.

---

(1) JEAN-BAPTISTE L'HERMITE DES SOLIERS dit TRISTAN. *Les présidents-nés des Etats de la province de Languedoc.*

(2) HIPPOLYTE FAURE. *Notes et documents sur les archives des hospices de Narbonne.*

Des démolitions de la fameuse tour mauresque, il
fit bâtir, en 1639, le monastère des religieuses car-
mélites, aujourd'hui l'église Saint-Sébastien, qu'il
dota de magnifiques ornements.

Il enrichit son église métropolitaine d'une magnifique chapelle en argent qui a disparu lors de la
Révolution, dont les excès ont fait plus de ravages
que la longue suite des siècles.

Claude de Rebé fit classer les archives de l'archevêché et recopier grand nombre de documents précieux, notamment le *Livre vert*. Ce registre, rédigé
dans la seconde moitié du xvie siècle, sous l'archevêque Pierre de la Jugie, contient les droits et redevances
de l'archevêché ainsi que les rentes et droits seigne-
riaux de l'archevêque de Narbonne.

Il fut le grand restaurateur de son palais archiépiscopal, le fit élever et par cette élévation forma un
des plus somptueux appartements que l'on puisse
voir, si bien que « le roi Louis le Juste allant au siège
de Perpignan en voulut faire son Louvre et commanda
le razer la tour de son propre palais, pour rendre
encore la veüe de l'archevêché plus agréable (1). »

Les appartements de l'archevêque étaient situés au
deuxième étage; un magnifique escalier y conduisait,
aussi Louis XIII s'adressant à Monseigneur de Rebé
lui dit : « Vrai Dieu Votre Grandeur a pour demeure
un bien superbe galetas. »

Aujourd'hui l'archevêché est l'hôtel de ville, et le

---

(1) *Les présidents-nés, etc.*

galetas un des plus beaux musées de la région ; la première salle dite salle des gardes et la deuxième au plafond entièrement peint suivant l'école italienne, sont dûs à Monseigneur de Rebé.

Un grand honneur lui était réservé, il lui fut donné, en effet, le 20 décembre 1648, de consacrer, dans sa cathédrale, le savant narbonnais François Bosquet, évêque de Lodève, assisté de Clément de Bonzy, évêque de Béziers, et de Nicolas Pavillon, évêque d'Alet (1).

Un souvenir bien vivant de notre illustre archevêque est « le vœu du *Miserere* deux fois le jour » qu'il fit en 1652, au mois d'août, quand la peste désolait le pays. Chaque jour, à 8 heures du matin et à 4 heures du soir, on le sonne encore à la cathédrale de Saint-Just et Saint-Pasteur.

Tel est l'homme qui de 1629 à 1659 a occupé avec tant d'éclat le trône archiépiscopal de notre ville, et pendant ce même temps a tenu entre ses mains la prospérité de la province. Nous avons cru utile de dire quelques mots de l'homme et de l'archevêque, avant de parler du grand politique.

---

(1) Nous pensons bien faire de profiter de l'occasion qui se présente naturellement à nous en donnant aux annexes copie de l'acte de baptême de François Bosquet.
Si M. l'abbé Henry réédite son beau travail sur cet illustre narbonnais, il aura ainsi en mains un document réduisant à néant les assertions des auteurs qui ont fait naître Bosquet en 1613 au lieu de 1605.

II

L'an 1629, durant son séjour à Nimes, Louis XIII,
ce roi incapable, qui avait au moins le mérite de
reconnaître la suprématie intellectuelle, la valeur de
Richelieu et savait s'effacer devant lui, Louis XIII,
disons-nous, à l'instigation de son ministre, donna
deux édits : l'un pour la réunion de la cour des aides
et de la Chambre des Comptes de Montpellier, l'autre
pour l'établissement des élus en Languedoc.

Le roi créait par l'édit des élus « un bureau ou
siège d'élection dans chacun des vingt-deux diocèses
de la province (1) sous prétexte de garder l'égalité
dans les impositions et d'ôter les abus qui s'y commettaient, avec ordre au trésorier de France des généralités de Toulouse et de Béziers de faire le département
des tailles et des autres impositions dans ces deux
généralités et aux officiers des nouvelles élections de
faire celui des villes communautés et consulats à

_____

(1) Voici les noms de ces 22 diocèses auxquels correspondent
les 22 divisions administratives et économiques de la province :
archevêché de Narbonne, évêchés d'Alet, Saint-Pons, Agde,
Béziers, Carcassonne, Lodève, Montpellier, Nimes, Uzès, archevêché de Toulouse, évêchés de Lavaur, Mirepoix, Saint-Papoul,
Rieux, Montauban, Albi, Castres, Mende, Le Puy, Viviers et
Cominges.

proportion de ce qu'ils jugeraient que chaque commune devrait supporter (1). »

Comme on le voit, l'établissement des élus excluait les États de la gestion des finances; ceux-ci ne pourraient donc plus défendre la province de l'invasion fiscale qui dès lors échappait à leur contrôle et pouvait devenir de jour en jour plus menaçante pour la fortune et la tranquillité du pays.

Les États présidés par Monseigneur de Rebé s'étaient assemblés à Pézénas le 27 avril. Ces édits leur déplurent fort, le dernier principalement « qui renversait entièrement leurs privilèges ainsi que l'ordre, la police et l'usage établis de tout temps en Languedoc pour la levée des deniers royaux et autres impositions et tous les peuples du pays en prirent l'alarme (2). » Les États refusèrent absolument de le vérifier.

Richelieu incontinent envoya au roi pour qu'il donnât ordre aux États de se séparer et leur fit défense de s'assembler à l'avenir.

Le ministre chercha dès lors des adeptes dans l'assemblée; il jeta son dévolu sur Montmorency et eût vite fait de gagner à la cause royale, le faible, irrésolu et imprudent gouverneur qui assura le ministre de tout son concours et alla jusqu'à oser plaider lui-même au sein des États l'excellence de l'établissement des élus et celle de la suppression des dits États. Le lan-

---

(1) Dom Cl. Devic et Dom J. Vaissette. *Histoire générale de Languedoc*, éd. Privat.

(2) *Histoire générale de Languedoc.*

gage du gouverneur qui abandonnait la cause de la province qu'il devait défendre excita l'indignation de tous.

D'un esprit plus droit, d'un jugement plus sûr et avant tout pénétré de ses devoirs, Claude de Rebé, bien qu'entièrement dévoué à Richelieu, sut, lui président des États de Languedoc, défendre les intérêts du peuple dont il avait la garde; et, pendant que Montmorency sacrifiait ce peuple à sa propre cause, l'archevêque de Narbonne s'associait ouvertement à la résistance des États.

Lorsque quelque temps après il s'agit d'envoyer des délégués vers le roi, Claude de Rebé fut mis à la tête de la délégation ainsi que le prouve la délibération suivante :

« L'assemblée (les États de Pézénas) voyant certainement que l'établissement des élus dans la province anéantit toutes ses franchises et libertés, dont elle avait joui pendant une longue suite de siècles, charge expressément l'archevêque de Narbonne, le vicomte de Polignac, etc., de presser leur départ et de porter au roi les soupirs de ses très humbles, très fidèles et très obéissants sujets du païs de Languedoc, afin d'implorer de sa justice et bonté la révocation du dit édit et la continuation de l'ancien ordre des États de la province et de ses vingt-deux diocèses (1). »

Les députés se rendirent à la cour pour exposer

---

(1) *Procès-verbaux des États de Languedoc.*

leurs doléances au roi qui ne devait les satisfaire que deux ans plus tard.

III

La défense de s'assembler ayant été levée par l'édit de Vandœuvre, les États convoqués à Pézénas pour le 1ᵉʳ octobre 1631 se réunirent enfin le 12 décembre.

Cette session qui se prolongea jusqu'à la fin de Juillet 1632, devait être orageuse et avoir de terribles conséquences. L'archevêque de Narbonne, ce prélat si respectable par sa prudence, sa sagesse et ses capacités eût l'occasion de déployer toute sa fermeté, tout son courage et son patriotisme.

Delbène, l'évêque d'Albi, créature de la reine-mère, et le plus actif partisan de Gaston d'Orléans, sachant que Montmorency avait à se plaindre du cardinal de Richelieu chercha à le gagner à la cause de Monsieur et s'en faire un allié ; cela ne fut pas difficile.

Voilà donc Montmorency qui, après avoir de concert avec le cardinal attenté aux libertés de sa province, va conspirer avec Monsieur contre le cardinal et par suite contre son roi et son pays.

Il s'agissait de livrer le Languedoc à Monsieur, de soutenir ce dernier et d'engager les États à se déclarer pour lui. Montmorency se mit à la tête des mécontents et la noblesse se groupa en secret autour des évêques. Enfin durant la nuit du 21 au 22 juillet avec l'appui de Delbène, le gouverneur du Languedoc gagna les suffrages d'une partie des députés en leur promettant de rétablir les privilèges de la province ; le lendemain ils se rendirent à l'assemblée.

L'on agitait la question des élus, car elle était encore loin d'être résolue, tout à coup « Alphonse Delbène, évêque d'Albi, déclara qu'il n'était plus question d'élus ni de commissaires, mais de se joindre au duc de Montmorency et de lui faire l'octroi ordinaire qu'il recevrait sans l'assistance des autres commissaires, il ajouta qu'il fallait lui donner pouvoir d'assembler les États toutes fois et quantes qu'il le jugerait à propos. Les autres opinants embrassèrent le même avis, soit par crainte et timidité, soit par l'amitié qu'on avait pour le duc de Montmorency (1). »

Seul de tous, l'archevêque de Narbonne se révolta contre pareille chose ; il s'y opposa autant qu'il fut en son pouvoir ; son patriotisme outré d'une pareille conduite flagella ces traîtres qui commettaient un crime de lèse-majesté et se rebellaient contre leur roi. Par de véhémentes apostrophes, il interrompit les orateurs, par de violentes répliques, il voulut les faire rentrer dans le devoir ; efforts superflus, le vent de la révolte soufflait, il fut obligé de s'incliner sur son passage.

Son autorité de président fut impuissante à maintenir dans le devoir cette malheureuse assemblée qui ne prévoyait pas les suites funestes de sa délibération

_____

(1) *Histoire générale de Languedoc.*

dans laquelle « les Etats de Pézénas après avoir
exposé tous les maux qu'ils souffraient unissent leurs
intérêts à ceux du duc de Montmorency et le duc de
son côté s'unit inséparablement avec eux (1). »

A l'issue de cette assemblée le patriote archevêque
fut arrêté par ordre de Montmorency « parce qu'il
avait toujours été formellement contraire à ses détes-
tables desseins et contribué tout ce qu'il avait pu
pour confirmer ceux de la ville de Narbonne en leur
devoir (2). »

Telle fut la récompense d'une si vaillante conduite ;
mais cet outrage ne fit qu'ajouter à sa gloire. Après
trois jours de détention il fut rendu à la liberté.

Les Etats s'étaient séparés ; Montmorency leva le
masque et songea immédiatement à s'assurer des
principales villes de Languedoc.

Béziers était à lui ; il envoya des émissaires à
Narbonne, mais notre vaillant archevêque veillait,
encore une fois il fit échouer ses manœuvres. D'après
ses conseils, les consuls firent fermer les portes de la
ville aux émissaires du duc, chassèrent ses partisans
et les habitants se fortifièrent.

Grâce à leur archevêque, les Narbonnais demeurè-
rent dans le devoir, et ce malgré leur gouverneur
qui appartenait à Montmorency.

La journée de Castelnaudary changea la face des

---

(1) *Histoire générale de Languedoc.*
(2) *Histoire générale de Languedoc*, pièces justificatives,
n° XII.

choses ; Montmorency blessé est vaincu et fait pri-
sonnier. Jugeant « Claude de Rebé aussi capable de
porter des paroles de paix, qu'il avait été hardy à
s'apposer aux mouvements de cette guerre » le
malheureux gouverneur le pria d'aller auprès du roi,
pour « moïenner l'accord de son parti. »

Ce magnanime prélat s'acquitta de la mission de
paix que lui confiait son oppresseur avec sa grandeur
d'âme habituelle. Mais ses supplications ne furent pas
d'un grand poids dans l'esprit du roi ; depuis longtemps déjà la fatale sentence était prononcée, Montmorency devait monter sur l'échafaud.

IV

Les États s'étaient asssemblés à Béziers dans
l'Église des Augustins le 11 octobre 1632 avec une
pompe et un éclat inaccoutumés ; le roi, la reine, le
cardinal de Richelieu et les principaux personnages
de la cour y assistaient.

Après une courte harangue du roi, Châteauneuf
le garde des sceaux prit la parole afin d'expliquer
les intentions du monarque « qui veut croire qu'une
partie des révoltés a failli autant par faiblesse et
timidité que l'autre par malice et de dessein formé,
que le roi usant de sa bonté oublie leurs fautes se
réservant néanmoins la punition de quelques parti-
culiers des plus coupables (1). »

---

(1) *Procès-verbaux des États.*

Claude de Rebé prit alors la parole et répondit à
Châteauneuf; dans sa harangue éclata la magnani-
mité de ce prélat qui demanda grâce au roi dans les
termes suivants si pleins de dignité : « Je ne dis pas
Sire, qu'il soit loisible à un souverain de tout pardonner, mais je dis avec ung antien roy qu'il doibt
estre facile à pardonner, pourveu que sa facilité ne
lui tourne pas à perte ny a mespris. Sire, vous ne
debues aprehender ny lung ny lautre de ces inco-
nuenients : cest pourquoy continuez hardiment a
estre pitoyable aussy bien que juste, puisque vous ne
sauriez estre qu'aymé.... puis même encore quen
vostre absence la foudre de vostre puissant bras et le
tonnant esclat de vos armes tousiours glorieuses et
triomphantes a desja touché quelques ungz de ceux
à qui leur présomption ayant faict oublier tant de
grandeurs qu'ils possédaient par votre libéralité les
a réduicts a nesperer plus quen vos grandes et exces-
sives miséricordes : enfin, Sire, ne cessez jamais
d'estre miséricordieux (1). »

Le noble archevêque excusa ensuite la province
qui avait été entraînée à son insu et comme malgré
elle dans la rébellion.

Après cette harangue le secrétaire d'Etat La Vril-
lière donna lecture de l'édit de Béziers dans la teneur
duquel nous n'entrerons pas ici ; il nous suffit de
dire qu'il autorisait les Etats à payer la suppression
des élus et leur enlevait le plus important de leurs

---

(1) *Procès-verbaux des États.*

privilèges, la discussion de l'impôt; l'économie
financière de la province était bouleversée, la durée
des États limitée à huit jours, etc. Cet édit atteignait
à tous les degrés la représentation du pays; la province était vaincue.

Le lendemain les États en corps allèrent prendre
congé du roi qui devait partir pour Narbonne, l'archevêque de cette ville portant la parole.

Puis on manda ce dernier immédiatement vers le
roi pour solliciter de lui « la décharge de onze cornet-
tes de cavalerie et six régiments d'infanterie qu'il
voulait laisser dans le païs dépense qui achevait de le
ruiner; » mais le succès ne répondit pas à ces justes
réclamations.

Cet infatigable prélat était à peine de retour qu'on
le députa à nouveau vers le roi pour lui faire connaître
l'impuissance dans laquelle se trouvait la province de
faire la dépense de 450,000 livres pour la construc-
tion du port de mer à Agde.

Cette année-là Louis XIII donna à Monseigneur de
Rebé, à Fontainebleau, les augustes marques de
commandeur du Saint-Esprit, exprimant ainsi de
nouveau les véritables sentiments de la haute estime
qu'il avait pour ce prélat.

Le mardi 6 novembre 1640 les États se réunirent à
Pézénas, Monsieur le prince de Condé en fit l'ouver-
ture. Dans cette session, l'archevêque de Narbonne se
plaignit au gouverneur de ce que l'on exécutait dans
le pays un grand nombre d'édits, par des voies
extraordinaires, à l'insu des États et sans leur per-

mettre la moindre remontrance. Nul fait n'échappait à sa vigilance.

V

L'an 1643, Richelieu, ce grand ministre avait cessé de vivre ; quelques mois plus tard Louis XIII le suivait dans la tombe.

Le fruit des leçons infligées aux rebelles de tout ordre par le cardinal courait grand risque de se perdre ; les peuples ne sentant plus la main de fer du « grand niveleur » toujours prête à s'abaisser sur eux commençaient à lever la tête.

Les Etats de Languedoc caressèrent l'espoir de faire supprimer « l'édit de Béziers, monument d'autorité et de colère qui avait changé la forme des impositions provinciales, diminué le prestige des Etats et substitué aux gestions locales l'action directe du pouvoir ministériel. »

« Le second objet de leur ambition était la suppression des intendants, cette nouveauté odieuse à la Province (1). »

De fait, les intendants constituaient une lourde charge pour la province qu'ils pressuraient de toutes manières.

Pendant la campagne de 1643 ils donnèrent des ordres pour faire embarquer dans les ports de Nar-

(1) *Histoire générale de Languedoc.*

bonne et d'Agde à destination de Catalogne des troupes qui arrivaient du haut Languedoc. Le produit de l'étape fut affecté au paiement des bateaux de transport et à la subsistance des troupes hors des eaux de la Province, aussi ne restait-il pas un denier pour les étapes de la route de terre jusqu'à Narbonne, où les détachements affluaient de tous les pays ; ce surcroît de frais fut rejeté sur les diocèses.

Ce procédé émut fort les Etats qui chargèrent l'archevêque de Narbonne de porter plainte en leur nom au maréchal de Schomberg. Malheureusement ses récriminations ne purent recevoir satisfaction.

VI

Gaston duc d'Orléans, le conspirateur repentant de 1632, le dernier qui eût dû ambitionner le gouvernement de Languedoc, où tout rappelait sa folle équipée, venait de l'obtenir. Mais il comptait aller rarement en province, il ne voulait pas perdre son importance à la cour et au conseil ; le maréchal de Schomberg avec le titre de « seul lieutenant général » fut exercer le commandement à sa place.

A la seconde session de 1645, le lieutenant général harangua les Etats ; après lui vint M. d'Aligre ; l'archevêque de Narbonne leur répondit. Dans un langage énergique et imagé il leur exposa la malheureuse situation de la province, situation dans laquelle l'ont mise « ceux qui par une présomption de nature

et attentat insupportable non seulement s'avantagent
au préjudice de leurs concitoyens mais de plus qui,
par une voye téméraire, extraordinaire et scandaleuse
les veulent opprimer sous prétexte du service du
prince.

« Ils nous privent par leurs procédés scandaleux,
impies et parricides de tout ce que la nature a destiné
et libéralement contribué pour la nourriture, conser-
vation et substance des hommes. Le peu ou point du
tout d'attention et de considération qu'on a peu faire
jusques à présent à nos justes plainctes et doléances
a porté sans doute les démons de l'Etat, qui ne s'oc-
cupent qu'à traverser les peuples et à faire souffrir
le genre humain; à ne se contenter pas d'enlever
impunément nos biens, nos facultés et nos fortunes ;
mais de plus, ils ont voulu, ce semble, combler la
mesure, taschant, comme ils onct faict, de mettre à
l'espreuve la patience et la fidélité des peuples,
villes et communautez de cette province; car il est
vray de dire que plus enragez et plus ennemys que
le démon quy persécuta le bon Job a outrance, ils
s'en prennent présentement à la vie des peuples,
dont ils ont ci-devant ravi les biens, les facultés et
les fortunes, en ne se contentant pas comme le démon,
de renverser les bastiments, dont ils vendent bien
souvent les matériaux ou les convertissent à leur
usage; d'enlever les meubles et le bestial par leurs
exécutions rigoureuses; de tascher d'establir la clause
solidaire, seule capable d'atteindre et de perdre cette
province; de frapper et faire souffrir nos habitants

par les emprisonnements; mais qui pis est, ils passent
impunément des biens au sang et à la vie des hommes, des concussions au fer tuant et meurtrissant
tout ce qui faict semblant de s'opposer à leur violence
et résister à leur avidité insatiable, quoique ces
oppositions et résistances n'ayant été faictes que par
des voix plaintives seulement murmurant à la vérité,
mais qui provenaient d'un sexe accoustumé à faire
plus de bruict que de mal..... Et néanmoins sans
considération d'âge, de sexe, ni de condition, on se
sert mal à propos, sans subject ni nécessité quelcon-
que, des armes prohibées et défendues par les ordon-
nances; et dans le milieu de nos principales villes,
on tire, on tue hommes et femmes indifféremment,
et c'est ce quy a excité tanct de bruict pour et contre
cette Province; de sorte qu'avec beaucoup de raison,
nous pouvons formuler aujourd'hui les mesmes plainctes et doléances que David faisoit autrefois dans
l'amertume de son cœur: *Populum tuum Domine,
humiliaverunt et hereditatem tuam vexaverunt* après
avoir humilié les plus florissantes familles, après avoir
mis la plus belle et la plus opulente province dans la
nécessité, après avoir rendu incultes nos champs, nos
vignes, après avoir enlevé le meilleur et le plus
liquide de nos héritages, *viduam et advenam inter-
fecerunt, et pupillos occiderunt;* après tout cela, ils
ont levé les armes, attaqué la veuve, le pupil et
l'orphelin, et, en un mot, ces ennemys du genre
humain et désolateurs des provinces deviennent les
parricides de leur patrie, et leur perfidie faict de

plus grandes désolations en pleine paix qu'on n'en
doit craindre des ennemys dans la chaleur de la
guerre.

« L'histoire nous apprend que Thémistocle, vou-
lant un jour persuader aux Andriens de payer quelques tributs et subsides pour subvenir, disait-il aux
nécessités pressantes de l'Estat, adjousta à la fin de
son discours que pour exiger et faire payer l'argent
et le tribut qu'il demandoit, il leur apportait deux
puissantes déesses pour les persuader, que c'estoient
l'Amour et la Force..... A quoy les Andriens répar-
tirent sur le champ et sans hésiter en façon quel-
conque que..... ils avoient aussy en leur faveur, dans
leurs conditions déplorables et mizérable fortune
deux puissantes déesses à sçavoir: la Pauvreté et
l'Impuissance (1). »

Et la réponse des Andriens à Thémistocle, l'illustre archevêque ne craignit pas de la faire au Gouvernement. Le Languedoc « n'avait plus rien à donner,
ayant tout donné. » Aussi il espère dit-il « qu'après
une parfaite connaissance du sujet de nos justes
plaintes et doléances et du pauvre et désolé état
auquel nous sommes présentement réduits, vous
nous procurerez s'il vous plaît, auprès de leurs
Majestés la justice que nous demandons et devons
légitimement attendre de tant de maux. »

En 1647, à la séance d'avril des Etats autres
récriminations de ce vaillant prélat; dans sa réplique

_____

(1) *Procès-verbaux.*

il se plaint de ce que l'on voit des gens de guerre qui ruinent les lieux et les villes innocentes aussi bien que celles qui sont accusées d'être coupables et criminelles.

Quant aux résolutions prises dans les sessions précédentes il n'hésite pas à les défendre exposant librement la conduite des Etats « à la censure des juges les plus rigoureux et les plus critiques du royaume. » La province n'a fait qu'user de ses droits en refusant des secours qui dépassaient entièrement ses moyens : « A quoi servirait-il de nous assembler si nous n'avions rien à résoudre ? Pourquoi demander ce que l'on croit pouvoir exiger avec violence et contre la justice ! »

Peut-on demander défenseur plus habile qui défende les intérêts de sa province avec plus de dignité, de respect, de modération et aussi de fermeté ? Il termine ainsi sa réplique :

« Messieurs cette province a toujours bien recogneu que nos Roys portent avec grande justice le nom et le titre de pères du peuple.

« Nous souhaiterions que les Traitants nous eussent laissé les moyens et facultés qu'ils nous ont ravy par de voyes injustes et pleines de violences. Nous serions en estat de satisfaire à nos désirs, à nos obligations, à nos devoirs et à nos inclinations respectueuses en accordant libéralement ce que vous, Messieurs, nous demandez de la part de leurs Majestés.

« Mais pourtant en quel état et condition que nous

puissions être réduits et mauvais traitements que nous recevions de la fortune, nous ne nous séparerons jamais de la fidélité, du zèle, de l'affection, ni du service que nous devons au Roy, à la Reyne régente sa mère et à son Altesse royale (1). »

VII

Le marquis de Rabat, un turbulent seigneur qui possédait d'importants domaines dans la vallée de l'Ariège avait été en raison de ses excès condamné, ainsi que son père, au bannissement et à la confiscation de leurs biens ; le Parlement de Toulouse avait rendu cette sentence qui ne fut pas exécutée. Le marquis de Rabat n'en conçut pas moins une vive animosité contre ses juges. Des conflits d'intérêt avec J.-L. Bertier, évêque de Rieux, frère du premier Président, inspirèrent au marquis un âpre désir de vengeance. Le 16 avril 1647, Rabat rassemble quelques familiers, arme leurs laquais, monte à cheval avec son frère le baron et va tenter un coup de main contre l'évêché.

L'évêque était absent ; après mille imprécations contre lui on mutila un de ses serviteurs.

Monseigneur de Rebé immédiatement instruit de cet acte de barbarie, en l'absence de M. de Rieux en fit le rapport aux Etats qui résolurent de donner à cette

---

(1) *Procès-verbaux.*

affaire un grand retentissement, car ils se sentaient tous blessés en la personne de Monsieur l'évêque de Rieux, leur frère.

Des lettres furent immédiatement envoyées au roi, au duc d'Orléans, au prince de Condé, au cardinal Mazarin et à quelques autres personnages influents en cour. Ces lettres furent signées des treize prélats de l'assemblée et en première ligne de Monsieur de Narbonne qui encore une fois fut victime de sa courageuse intervention.

L'abbé de Beauregard qui reçut les dépêches des évêques de Languedoc contre le marquis de Rabat n'eut garde de donner à cette affaire le retentissement qu'on s'était promis. Un parti puissant à la cour se montrait ouvertement hostile à l'archevêque de Narbonne et par suite peu disposé à soutenir les réclamations dont ce dernier avait pris l'initiative ; de plus, le corps épiscopal était loin de présenter l'homogénéité que le clergé des Etats invoquait dans ses dépêches.

L'archevêque de Sens, un des hauts dignitaires de l'Eglise de France, était l'oncle du marquis de Rabat, il se montra son ardent défenseur et fit tout pour étouffer la querelle. Grâce à lui, le doyen d'Alet qui avait reçu les dépêches n'en accusa pas réception à l'archevêque de Narbonne. Il réunit cinq évêques aux Augustins de Paris et l'on décida que les lettres des Etats n'iraient point à leur adresse, que toutes les démarches seraient arrêtées et que l'on travaillerait à un accommodement.

Grande fut l'irritation de l'archevêque de Narbonne lorsqu'il apprit qu'on avait intercepté ses
lettres et que l'assemblée des Augustins s'était oppo-
sée aux poursuites. Dans une lettre à Mgr de Rieux
il se demande « de quelle authorité il (l'archevêque de
Sens) arreste les dépêches d'un si grand nombre
d'Evesques et ne lui en desplaise qui sont assez con-
sidérables pour n'estre pas traités de la sorte. »

Etant obligé d'aller à la cour, il hâtera son voyage
pour se plaindre du mauvais traitement qu'ont reçu
les ordres de l'assemblée concernant l'action qui
s'est passée à Rieux.

En attendant son départ, l'abbé Tubeuf fut chargé
de cette affaire. On l'avait si bien étouffée qu'il n'y
avait personne à la cour depuis le plus petit jusqu'au
plus grand qui en fut informé ; on trouva l'action du
marquis de Rabat fort extravagante et on promit
satisfaction.

A la cour du duc d'Orléans, l'abbé de la Rivière
tout puissant sur l'esprit du duc fit entendre force
récriminations sur la manière dont on avait réclamé
et finalement se montra hostile.

Monseigneur de Rebé étant arrivé à Paris fut
saluer la Régente au nom des Etats de Languedoc ;
Anne d'Autriche, lui parla d'elle-même de la grande
affaire du marquis de Rabat et lui promit satisfaction.

Près de neuf mois s'écoulèrent en négociations et
pourparlers ; enfin le marquis de Rabat déclara s'en
remettre au jugement des archevêques et évêques de
Languedoc pour les réparations dues à M. de Bertier.

Une entrevue solennelle eut lieu à Grenade entre
l'offenseur et l'offensé devant une nombreuse com-
pagnie. L'aveu de ses torts d'une part, un généreux
pardon de l'autre tel fut le résultat auquel aboutit
cette affaire qui eût été entièrement étouffée sans la
persévérante indignation de Mgr de Rebé.

VIII

Aux États de Languedoc de février 1648, l'archevêque de Narbonne expose en ces termes la misère
de la province, aux commissaires du roi : « ..... elle
(la province) sent bien aussi qu'elle ne peut pas tout
ce qu'elle voudrait pouvoir et qu'en ce point son
cœur est beaucoup meilleur que ses forces; car en
effet elle se trouve maintenant dans une désolation
extrême et assez connue de tout le monde, et l'on
peut dire présentement ce que les Prophètes ont dit
autrefois de la ville de Jérusalem qu'elle est vide de
biens et pleine de peuple.

« Cette reine entre les provinces de ce royaume
n'a plus rien qui la rende reconnaissable que sa
fidélité. Toute sa beauté est restreinte à sa modestie;
elle n'est plus la favorite ni les délices de cet Etat
comme on l'appelait autrefois, etc. (1). »

L'équivalent, impôt ainsi nommé parce qu'il avait
été substitué à un autre mode de contribution, était

_____

(1) *Procès-verbaux.*

considéré comme faisant partie de la province ; les
Etats de 1633 avaient été autorisés à en faire la vente
à des traitants avec faculté de rachat perpétuel. C'est
à ces traitants que les familiers de Gaston d'Orléans
eurent la pensée de substituer leur maître afin de
prendre leur part des bénéfices qu'en retiraient les
engagistes. L'assemblée provinciale avertie à temps y
mit obstacle et résolut le rachat.

Mgr de Rebé s'était trouvé chargé après l'assemblée
de Carcassonne avec plusieurs autres députés de solliciter expressément auprès de la cour le rachat de
l'équivalent. Il avait donné tous ses soins à cette
affaire et comme il avait ensuite présidé la séance où
le rachat fut décidé, l'abbé de la Rivière, particuliè-
rement vexé de cet échec, lui attribua une prémédita-
tion hostile et ne laissa échapper aucune occasion
d'exhaler son ressentiment contre lui.

Pensant trouver dans la conduite d'autrui les
motifs qui d'ordinaire dirigeaient la sienne, il ne craignit pas de dire en plein Luxembourg que l'archevêque de Narbonne avait accepté des engagistes de
l'équivalent un pot de vin 10,000 livres pour faire à
l'assemblée la proposition du rachat. Il s'emporta
jusqu'à répéter cette accusation devant des parents
du prélat menaçant même ce dernier de châtiment
comme mauvais serviteur du roi et de son Altesse
Royale.

« Ces propos arrivèrent aux oreilles de Rebé qui
se hata d'écrire au cardinal Mazarin, au chancelier de
France, au secrétaire d'État de la province et a d'au-

très hauts personnages de la cour. Il se justifia des reproches qu'on lui faisait nia formellement avoir jamais promis à l'abbé, comme celui-ci le prétendait, d'assoupir l'affaire de l'équivalent, puisque la solution de cette affaire était le principal sujet de son ambassade, et d'avoir eu d'autre préoccupation que l'avantage de la province (1). »

Le recours de l'archevêque de Narbonne à une autorité supérieure parut au favori du duc d'Orléans un outrage insupportable dont il promit de se venger. En effet M. de Fromont l'un des secrétaires des commandements de Gaston, reçut l'ordre de ramasser toutes les troupes disponibles que l'on pourrait trouver et de les envoyer faire le dégât dans la témporalité du métropolitain.

Le sieur du Vallon commandait le régiment de Languedoc ; il était en marche vers l'Italie on lui fit rebrousser chemin et prendre ses cantonnements sur les terres de l'archevêque ; les troupes n'avaient pas besoin d'être stimulées pour faire la désolation dans le pays. Malgré quelques capitaines amis du prélat qui s'interposèrent utilement pour atténuer, il fut commis « nombre de voleries, hostilités, impiétés, exécutions et sacrilèges... ; en quelques lieux, les soldats enfoncèrent les portes des églises, ouvrirent les tabernacles, renversèrent les saintes huiles emportèrent les ciboires de métal précieux, injuriant les prélats de plusieurs diocèses et faisant subir de très

(1) *Histoire générale de Languedoc.*

rudes traitements aux prêtres..... ces troupes mirent
divers villages en tel état qu'ils ne sauraient se relever
de longtemps, toutes choses capables de faire dresser
les cheveux aux plus déterminés (1). »

Tels furent les avantages que sa digne conduite
valut à ce noble archevêque en l'an 1649.

IX

Une déclaration royale parut le 28 mars 1651 portant convocation des États généraux de France pour
le 28 septembre. Des réunions s'organisèrent alors
dans le pays.

« Le conseiller de Forests, seigneur de Carlincas,
s'étant transporté à Narbonne pour y faire sa charge
en qualité de commissaire du Parlement s'en vit
fermer les portes par le gouverneur d'Argencourt
assisté de son lieutenant etc... » Des gens de guerre
avaient été jetés dans la place pour en interdire l'ac-
cès à l'envoyé de la cour, qui fut réduit à battre en
retraite et à dresser procès-verbal de sa mésaventure.

Le Parlement prit l'affaire au tragique et pour
punir le gouvernement, son lieutenant, la ville, etc...
mit à jour un déploiment de fureurs parlementaires
qui avaient un correctif naturel: l'impossibilité de
l'exécution.

Mais le 4 mai faisant remonter à l'archevêque de

(1) *Histoire générale de Languedoc.*

Narbonne la responsabilité des évènements qui s'étaient produits dans sa résidence, le Parlement ordonna sans plus de ménagement, que Claude de Rebé serait pris et saisi au corps, en quelque part qu'il fût trouvé dans le royaume et conduit aux prisons de la conciergerie.

Ce décret ne put avoir naturellement plus de suite que toutes les autres mesures de rigueur déjà prises par la cour. Il excita l'indignation de tous et surtout du clergé ; car comme le dira l'évêque de Vence au roi : « Tous les évêques ne faisaient qu'un évêque, l'injure de l'un est l'injure de tous ou plus tôt de toute l'église, la tête ne pouvant être offensée que le corps ne se ressente de son offense.

« Je frémis d'horreur quand je pense qu'il ne s'en est guère fallu qu'on n'ait vu arracher un archevêque de sa maison, de son siège, de son église, de l'autel, pour le conduire lié et garroté, par une province où il a si glorieusement maintenu les peuples dans votre obéissance et où il est si recommandable par sa condition, par ses emplois et par sa vertu ! Quel deuil pour l'église ! (3). »

Le 20 décembre 1652 le roi écrivait à Mgr de Rebé pour lui dire qu'il avait résolu la démolition du château des Termes et qu'il lui confiait le soin de la faire exécuter par corvées de façon à n'y pas laisser pierre sur pierre.

Le gouvernement de ce château était devenu

---

(3) *Histoire générale de Languedoc. Pièces justificatives.*

vacant lors de la trahison de son gouverneur de
Saint Aunez qui, rompant avec les traditions d'honneur et de fidélité si glorieusement inaugurée par
Barri de Saint-Aunez et Françoise de Céselli, venait
de négocier et faire cause commune avec don Juan
d'Autriche.

Ce fut le 12 mars de l'année suivante que l'archevêque de Narbonne s'occupa de cette affaire ; la
démolition par corvées étant reconnue extrêmement
difficile et très coûteuse Mgr de Rebé prit le parti de
la faire exécuter par voie d'entreprise aux frais du
diocèse.

La dépense totale atteignit 14,122 livres 10 sols.
Elle fut votée sans hésitation par l'assemblée du
diocèse qui dans la séance du 18 juin, remercia Mgr de
Rebé d'une opération aussi avantageuse pour le pays
« telles forteresses n'estant d'ordinaire conservées
que pour l'oppression des peuples.. »

Claude de Rebé continua jusqu'en 1636 à défendre
rigoureusement au sein des États les libertés de sa
province, à combattre les prétentions exagérées des
commissaires du roi, à flétrir les violences des gens
de guerre objet à peu près constant de ses récriminations ; mais à cette époque fatigué et malade il fut
contraint d'abandonner temporairement à Pierre
Marca, métropolitain de Toulouse, la présidence des
États.

Néanmoins l'année suivante 1637, qui était la 73me
de son âge, il eut encore le courage d'aller à la cour
porter les doléances des États. Mazarin dans une let-

tre à cette assemblée lui annonce ainsi l'arrivée de
son président : « Messieurs, Monseigneur l'archevêque de Narbonne ayant pris la peine de me venir
trouver ensuite de l'arrivée de votre courrier, je l'ai
présenté moy-même au Roi et sa Majesté après avoir
entendu les offres qu'il lui a faites de votre part, etc... »

Ce fut sa dernière députation.

X

En 1658 le 29 octobre le roi écrivait aux États de
Languedoc que « ayant estimé que l'assemblée des
États serait mieux pour sa commodité dans la ville de
Baucaire qu'en celle de Narbonne, prie ladite assem-
blée de se transférer incontinent au dit Beaucaire. »

A quoi Monseigneur l'archevêque de Narbonne,
président des dits États répondit que l'assemblée
entièrement disposée à recevoir les ordres de son roi,
était fort surprise que, sans autre avis, ordre lui soit
donné de se transférer si subitement jusques en la
ville de Baucaire, dans une saison si incommode qui
rend cette translation difficile etc., et chargea une
délégation composée de l'évêque de Nimes et du marquis de Castries, de porter cette réponse au roi.

Sa Majesté se rendit à toutes ces bonnes raisons et
puisque l'archevêque de Narbonne ne pouvait à cause
de son indisposition aller au dit Beaucaire sans exposer sa personne, autorisation fut donnée aux États de
demeurer à Narbonne.

Monseigneur de Rebé ne devait point guérir de son indisposition et le 16 mars 1659, vers les 8 heures du matin, à l'âge de 75 ans il rendit son âme à Dieu (1).

Sur sa tombe entr'ouverte M. de Saint-Laurent fit son éloge; quelque temps après, Fléchier, à peine âgé de 27 ans, alors professeur de rhétorique à Narbonne, prononça l'oraison funèbre (2). de ce noble et vaillant prélat qui avait consacré sa vie entière à défendre les droits, les libertés et les privilèges de sa province et à qui Dieu fit la grâce de mourir comme un soldat sur le champ de bataille puisqu'il mourut en pleine session des États.

(1) *Annexes.*
(2) Il est probable que ce discours n'a pas été imprimé ; mais, d'après divers auteurs et catalogues, il a été publié à Narbonne, en 1659, un in-4° portant l'« *Oraison funèbre de Claude de Rebé, par* GUILLAUME DABBES, chanoine de Saint-Paul de Narbonne. » Malgré toutes nos recherches et celles qu'on a bien voulu faire pour nous, même à la Bibliothèque nationale, nous n'avons pu découvrir un exemplaire de cet in-4°.

ANNEXES

ANNEXE I

ARMES DE CLAUDE DE REBÉ

Monseigneur de Narbonne portait pour armes escartelé au premier et 4ᵉ d'or à 3 merlettes de sable qui est de Rebé; au 2ᵉ et 3ᵉ d'or à la face ondée de gueules qui est de La Liègue; et sur le tout gueulles 3 cheurons d'argent qui est de Fauergues, l'escu de ses dites armes est orné d'un cordon bleu auquel est attachée la croix du St-Esprit comme la portent les Prélats commandeurs de cet ordre.

JEAN-BAPTISTE L'HERMITE DES SOLIERS *dit* TRISTAN. *Les présidents-nés des Etats de la province de Languedoc.*

ANNEXE II

ACTE DE BAPTÊME DE FRANÇOYS BOSQUET, SA CONSÉCRATION COMME ÉVÊQUE DE LODÈVE PAR CLAUDE DE REBÉ

Ce xxviiiᵉ de may 1605 a esté baptisé Françoys Bousquet, fils à Durant Bousquet et Jehane Le Noir. Son parrin M. François Le Noir, sa marrine Jehane Bousquet.

A. LAMERT, curé.

En marge on lit ce qui suit: M. François de Bosquet, eslevé par ses mérites à l'office de conseiller
d'estat par le roy Louys XIII, fut fait intendant de la
province de Languedoc, et enfin par la grâce de Dieu
et du St-Siège apostolique fut sacré evesque de Lodève
par Monseig^r Claude de Rebé arch. de Narbonne,
assistans les seigneurs évesques de Béziers et d'Alet,
le 20 décembre 1648, dans l'église St-Just. Et par ce
que j'ay assisté à lad. cérémonie, j'ay signé ce
mémoire pour la postérité.

VEGNÉ, recteur de la Majour.

*(Archives communales de Narbonne, série G G, registre des
naissances de la paroisse la Major de 1606 à 1628, fol. 3 r°).*

ANNEXE III

MORT DE CLAUDE DE REBÉ

L'an 1659 et le 15 du mois de mars les Estats Généraux estans en la présente ville le Très St-Sacrement
fust apporté viatiquement à Monseigneur Messire
Claude de Rebbé, archevesque, par Monsieur de Nimes
depuis la chappelle de la parroisse jusques à la porte
de la grande salle de la tour de l'archevesché où
Monseigneur l'archevesque de Tholose le print des
mains de Monseigneur de Nimes et l'administra à
mond. seigneur et fit les cérémonies requises accompa-
gnié de Messeigneurs l'évesque de Lavour, de Loudève

et du vénérable chapitre avec quantité des seigneurs
et barons desdits Estats.

Et le 16 dudit mois de mars jour de dimanche
environ sept à huict heures du matin décéda Monseigneur Claude de Rebé et son corps demeura tant à
la chapelle de l'archevesché qu'à la Magdelaine jusques
au dix neufviesme qu'il fust enseveli par le chapitre,
Monsieur le Grand archidiacre faisant l'office, ledit
corps fust enseveli après vespres dans la chapelle de
Notre-Dame de Bethléen au costé de l'Évangile et
ses entrailles furent mises dans la mesme chapelle
un peu à costé de l'espitre soubs l'agenouilier près
le pulpitre et ce fust le lundy dix-septiesme mars que
ses entrailles furent enterrées par nous dict curé en
la dite année. — De Lacour, curé.

*(Archives communales de Narbonne, série GG, registre de la
paroisse St-Just 1635-1667).*

ANNEXE IV

FUNÉRAILLES DE CLAUDE DE REBÉ

Pour honorer le prélat qui avait été leur président,
les États en corps allèrent jeter de l'eau bénite sur
ses dépouilles mortelles. Le 21 mars 1659, un service
funèbre voté par les États fut célébré dans l'Église
de St-Just « où ils se rendirent, en corps, de la
maison consulaire et MM. les consuls assistèrent au

convoi qui partit de l'archevêché, passa devant la
maison de Madame de Sorgues au coin de celle de
M. de Sérignan et de M. d'Armissan, et se rendit dans
St-Just, M. le Juge Mage de Carcassonne accompa-
gnant M. le marquis de Rebé (neveu de l'archevêque),
l'oraison ayant été faite par M. de Saint Laurent,
vicaire général de St-Papoul, MM. les consuls ayant
leur banc sous les chaises où ils se mettent ès jours
qu'ils y ont séance. »

*(Inventaire des archives communales de Narbonne, série BB,
tome I, p. 692).*

ANNEXE V

ÉPITAPHE

Illustrissimi viri Claudii de Rebé
Archiepiscopi et primatis Narbonensis,
Ordinis S. Spiritus commendatarii
Torquati, et status ministri
    Fama posthuma.

Hic jacet quod de Claudio claudi potuit,
Tanti viri fama nullo claudetur termino,
Cujus gesta nulli non novere.
Famam quoque hoc tumulo claudi voluit Claudius,
Sed obstitit posteritas memor.
Pietatem alius, regendi peritiam laudat alter,
Et totum Claudium laudabit nemo.

Quilibet plangit, quia ejus funus commune damnum.
Dignissimus præsul obiit, luget Narbo.
Æquissimus præses interiit, luget Occitania.
Piissimus minister occidit, luget tota Gallia.
Cunctis ille bonis flebilis occidit
Æternum vivere debuisset, qui æternitati semper
  litaverat;
Sed cœlum invidia sustulit anno MDCLIX. XVI. cal. aprilis.

(Gallia Christiana, t. VI, col. 121-122).

Narbonne. — Imprimerie F. CAILLARD.

2

OUVRAGES DU MÊME AUTEUR

Lou Curat de Minerbo, nouvelle languedocienne, ayant obtenu un premier prix (médaille de vermeil), aux Jeux floraux d'Agen, du 10 août 1890 *(épuisé)*. En préparation, deuxième édition, augmentée de nombreux dessins inédits de Narcisse SALIÈRES.

POUR PARAITRE PROCHAINEMENT :

Les Poissons, les Crustacés et les Mollusques de la Méditerranée, avec un grand nombre de dessins.

Cet ouvrage a été honoré d'une médaille d'argent par la Société d'histoire naturelle de l'Hérault.

www.ingramcontent.com/pod-product-compliance
Lightning Source LLC
LaVergne TN
LVHW022032080426
835513LV00009B/994